Durchwandle *froh* und *heiter*
dein *Leben* Jahr für Jahr,
das *Glück* sei dein Begleiter,
dein *Himmel* ewig klar!

Sprichwort

Gott ehrt uns, wenn wir arbeiten,
aber er *liebt* uns, wenn wir *spielen.*

Rabindranath Tagore

FROH
zu sein,
bedarf es
wenig

benno

Die *Sonne* blickt
mit hellem Schein
so freundlich in
die *Welt* hinein.
Mach's ebenso!
Sei *heiter* und *froh*!

Nicht da ist man *daheim*,
wo man seinen Wohnsitz hat,
sondern wo man
verstanden wird.

Christian Morgenstern

Die *Kunst des Lesens* ist die Fähigkeit, Seiten zu *überblättern,* auf denen man nichts versäumt.

William Butler Yeats

Jeder,
der sich die
Fähigkeit
erhält,
Schönes
zu erkennen,
wird nie
alt werden.

Franz Kafka

Mit
Beharrlichkeit
erreichte auch die
Schnecke
die
Arche Noah.

Charles Spurgeon

Lebenskünstler
ist, wer seinen
Sommer
so erlebt,
dass er ihm noch
den Winter *wärmt.*

Alfred Polgar

Immer die kleinen *Freuden* aufpicken,
bis das große *Glück* kommt.
Und wenn es nicht kommt,
dann hat man wenigstens
die kleinen Glücke gehabt.

Theodor Fontane

Wir müssen
mit allen
geduldig sein,
am geduldigsten
aber *mit uns* selbst.

Franz von Sales

Man soll
die *Dinge*
nicht so
tragisch *nehmen,*
wie sie sind.

Karl Valentin

Gott schenkt
dir das *Gesicht.*
Lächeln musst
du selber.

Aus Irland

Allzeit fröhlich
ist gefährlich;
allzeit traurig
ist beschwerlich;
allzeit glücklich
ist betrüglich.
Eins ums andere
ist *vergnüglich.*

Joseph von Radowitz

Das
wichtigste
Stück des
Reisegepäcks
ist und bleibt
ein fröhliches
Herz.

Hermann Löns

Bibliografische Information der Deutschen Nationalbibliothek
Die Deutsche Nationalbibliothek verzeichnet diese Publikation in der
Deutschen Nationalbibliografie; detaillierte bibliografische Daten sind im
Internet über http://dnb.d-nb.de abrufbar.

Besuchen Sie uns im Internet:
www.st-benno.de

Gern informieren wir Sie unverbindlich und aktuell auch in
unserem Newsletter zum Verlagsprogramm, zu Neuerscheinungen
und Aktionen. Einfach anmelden unter www.vivat.de.

ISBN 978-3-7462-6605-3

© St. Benno Verlag GmbH, Leipzig
Zusammenstellung: Volker Bauch, Leipzig
Umschlaggestaltung: Ulrike Vetter, Leipzig
Gesamtherstellung: Kontext, Dresden (B)